Papierflieger
für den Technikunterricht

Jan-Martin Klinge & Riza Kara

Die Autoren:

Riza Kara ist Haupt- und Realschullehrer für Mathematik, Physik und Arbeitslehre: Hauswirtschaft. Er arbeitet seit 2015 an einer Gesamtschule im Raum Siegen.

Jan-Martin Klinge, Jahrgang 1981, ist Haupt- und Realschullehrer für Mathematik, Physik und Arbeitslehre: Technik und Autor des Lehrerblogs „www.halbtagsblog.de".

Beide wurden 2017 mit dem Deutschen Lehrerpreis ausgezeichnet.

Bisher von den Autoren erschienen:

- *Mit Lerntheken den Mathematikunterricht neu gestalten*

- *Die Physik von Hollywood: Mit aktuellen Kinofilmen Impulse für den Unterricht gewinnen*

- *Elektrotechnik für die Sekundarstufe 1 (Workbook & Lehrerband)*

- *Bautechnik für die Sekundarstufe 1 (Workbook & Lehrerband)*

- *Küchenführerschein für das Fach Arbeitslehre (Workbook & Lehrerband)*

- *Technisches Zeichnen für die Klassen 7-10 (Workbook & Lehrerband)*

  und viele weitere.

Alle Bücher sind bei Amazon erhältlich.

© Riza Kara & Jan-Martin Klinge

www.halbtagsblog.de

Vorwort

Die internationalen Wettbewerbe zu Papierflugzeugen sind nicht gänzlich unbekannt, auf Youtube lassen sich die beeindruckende Wurf- und Flugtechniken bewundern.

Im schulischen Rahmen ist solch ein Anspruch fehl am Platze, bietet aber eine gute Orientierungshilfe. Die Beschäftigung mit Papierflugzeugen dient nicht nur der Freude am Bekannten, sondern ermöglicht eine naturwissenschaftlich orientierte Projektarbeit über einige Wochen gerade dort, wo ein Mangel an Raum und Material herrscht. Benötigt werden nur einige Blätter Papier und – wer den Arbeitsprozess nachhaltig festhalten möchte – dieses Arbeitsheft.

In unserem Unterricht findet die Erforschung von Papierflugzeugen traditionell in der 7. Klasse statt. Im Vordergrund steht dabei die Erforschung der physikalischen und technischen Hintergründe des Fliegens: Warum fliegt ein Flugzeug? Welche technischen Eigenschaften haben Einfluss auf Wurfweite und Flugdauer? Wie können wir Papierflugzeuge verbessern? Jedes Jahr tüfteln und basteln die Kinder begeistert und überbieten sich gegenseitig in ihren Forschungsergebnissen. Dieses Projektheft möchte Ihnen als Lehrer (und Dir als Schüler) die Möglichkeit geben, einem roten Faden in diesem Projekt zu folgen: Experimente zur Flugfähigkeit, Wissenswertes zum Aufbau, Übungen zur Teamarbeit und schließlich ein großes Projekt unter Einbezug der erreichten wissenschaftlichen Erkenntnisse sollen Ihnen und Dir in den nächsten Wochen helfen, einen klaren Kopf zu behalten.

Alles zusätzliche Material für dieses Heft findest du auf www.halbtagsblog.de → Download → Weiteres.

Gutes Gelingen!

Siegen, April 2018   Riza Kara & Jan-Martin Klinge

Materialüberblick

- A4-Papier (weiß)

- Zollstock

- Stoppuhren (bzw. Handys)

- Büroklammern

- PET-Flasche und ein Schlauch (optional für die Antriebe)

- Gummiband (optional für die Antriebe)

- etwas Sperrholz (optional für die Antriebe)

- Föhn & Kraftmesser

ARBEITSLEHRE: TECHNIK

LUFTFAHRT

_____

_____

_____

Schon immer hatten Menschen den Traum, wie Vögel von Landstrich zu Landstrich zu fliegen. Sagen und Mythen erzählen von dieser Sehnsucht. Über Jahrhunderte wurde experimentiert und geforscht – aber es dauerte viele Jahre, bis zu ersten Erfolgen.

Heute ist das Fliegen für uns Menschen etwas ganz Normales. Wir fliegen mit einem großen Passagierflugzeug in den Urlaub, Wissenschaftler fliegen mit Raketen ins Weltall und in der Freizeit fliegen Hobbypiloten Segelflugzeuge. Bestimmt sind einige in eurem Kurs auch schon geflogen. Macht eine kurze Umfrage:

Von _____ Kindern in unserem Kurs sind _____ schon einmal mit einem Flugzeug geflogen. Die Ziele waren _____.

Egal, ob du schon einmal geflogen bist, oder nicht: Es gleicht einem Wunder, dass diese schweren Flugzeuge vom Boden abheben und ruhig durch die Luft reisen können. In den kommenden Wochen wirst du dich mit dem Thema „Luftfahrt" intensiv auseinandersetzen. Du wirst lernen, forschen und experimentieren, bis du selbst ein Experte geworden bist. Mit etwas Konzentration und Fleiß wirst du am Ende dein eigenes Flugzeug bauen können mit Technologie, die du entwickelt hast.

Viel Spaß dabei!

1. Auf dieser Seite hast du ganz viel Platz. Überlege dir zunächst in Einzelarbeit, was dir alles zum Thema Fliegen einfällt. Notiere in einem Brainstorming alles, was dir zu dem Thema einfällt.

Fliegen

Luftwiderstand

2. Tausche deine Gedanken anschließend mit deinem Sitznachbarn aus und ergänze gegebenenfalls deine Stichpunkte.

In die unsortierten Begriffen der letzten Seite sollst du nun eine sinnvolle Ordnung bringen. Folgende Oberbegriffe mögen dir helfen – vielleicht findest du noch weitere.

Fluggeräte	Physik	Technik
Flugzeug	Luftwiderstand	Propeller
Hubschrauber	Aerodynamik	Motor
Rakete	Luftdruck	Antrieb
Zeppelin	Auftrieb	Treibstoff
Heißluftballon	Höhenruder	Strahltriebwerk
Bumerang	Seitenruder	Spoiler
	Tragflächen	Flügel
		BlackBox

Schon immer war es ein kühner Traum für die Menschheit, wie ein Vogel zu fliegen. Es kostete viele Experimente und so manches Leben, damit wir heute in den Urlaub fliegen können.

Auf einem Rollsiegel der sumerischen Mythologie ist der „Ritt auf einem Adler" aus dem Jahr 2400 v.Chr. dargestellt. Der Hirte Etana will für seine kinderlose Gattin „das Kraut des Gebärens" vom Himmel herunterholen, stürzte aber, als er fast das Ziel erreicht hatte, mitsamt seinem Adler in die Tiefe. Das Fliegen wurde oft als Attribut und Privileg der Götter angesehen und auch heute würdest du einen Engel gewiss mit Flügeln zeichnen.

Die ältesten Flugobjekte finden wir viele hundert Jahre vor Christus im alten China. Zu bestimmten Festen wurden dort aus Papier und Seide leichte Flugdrachen gebaut um mit ihrer Hilfe Wünsche, Gebete und Hoffnungen an die Götter zu übermitteln. Ein Nachfolger sind die sogenannten *Himmelslaternen*, die heutzutage beim chinesischen Neujahrsfest zu tausenden in den Himmel steigen. Diese Lampions sind die   .

ersten Heißluftballons der Welt. Um 1000 nach Christus bauten die Japaner gewaltige Drachen für den Krieg. Sie befestigten Apparaturen zur Geräuscherzeugung an den Drachen und ließen sie nachts über den feindlichen Truppen steigen. Die Krieger glaubten so, sie würden von bösen Geistern attackiert. Es gibt Aufzeichnungen über riesige Drachen, die Bogenschützen trugen. Außerdem konnte man mit ihnen schnell Anweisungen an alle Truppen übermitteln. Um das Jahr 1500 entwickelt der berühmte Erfinder Leonardo da Vinci verschiedene Hubschrauber und Flugapparate – nichts davon baut er aber tatsächlich.

Geschichte der Luftfahrt

Allgemein betrachtet man das Jahr 1783 als den Beginn der ernsthaften Luftfahrt.

Die Brüder Montgolfier präsentieren den ersten Heißluftballon und führen mit ihm eine zweistündige Reise durch und um 1800 entwickelt der Engländer Sir George Cayley ein Gleitflugzeug.

Von da an geht es Schlag auf Schlag. In immer kürzerer Zeit werden neue, bessere und sicherere Flugapparate entwickelt und haben der Menschheit den Traum vom Fliegen verwirklicht. Heute kann jeder von uns in den Urlaub fliegen – da ist nichts Besonderes dabei!

Lies den Text ein zweites Mal leise und unterstreiche wichtige Passagen. Vergleicht anschließend in der Klasse: Was ist wichtig und warum? Klärt auch: Welche Begriffe hast du noch nie gehört?

Didaktischer Kommentar

Nicht nur die PISA-Studie hat gezeigt, dass viele Schülerinnen und Schüler Probleme haben, einen Text zu lesen und zu verstehen. Die Lesekompetenz bedeutet in PISA Folgendes:

- Geschriebene Texte verstehen, anwenden, über sie nachdenken und sich mit ihnen beschäftigen
- Dadurch seine Ziele erreichen, sein Wissen und Potenzial weiterentwickeln und am gesellschaftlichen Leben teilhaben

Die Aufgabe, den Text ein zweites Mal zu lesen und wichtige Aspekte zu unterstreichen soll diese Kompetenz trainieren. Die Schülerinnen und Schüler sollen lernen, Wichtiges von Unwichtigem zu trennen – daher auch der gemeinsame Vergleich in der Klasse.

Es ist beispielsweise weder wichtig, dass die Anfänge vom Fliegen in der „sumerischen Mythologie" zu finden sind, noch dass der Titel der Geschichte „Ritt auf einem Adler" lautet. Bedeutsam ist dagegen, dass ersten Hinweise auf das Fliegen schon viereinhalbtausend Jahre alt sind. Ein unvorstellbarer Zeitraum.

Zeitstrahl

Hole dir von vorne Arbeitsblatt 2.2 und schneide Zeitstrahl und Zeittafeln aus. Klebe den Zeitstrahl unten auf die vorgesehene Fläche. Lies dann die Tafeln aufmerksam und klebe sie an passender Stelle an. Ergänze auf den Tafeln zum Schluss Pfeile zum korrekten Zeitpunkt.

500 v.Chr.

Jahr 0

Zeitstrahl hier aufkleben

500 v.Chr. werden in China Drachen aus Bambus und Seide als Flugobjekte erwähnt. Mit ihrer Hilfe sollten Wünsche und Gebete an die Götter geschickt werden.

Nun wird es spannend: Baue einen eigenen Papierflieger und achte darauf, so sorgfältig und genau zu falten, wie es dir möglich ist. Wenn alle deine Klassenkameraden fertig sind, geht es weiter!

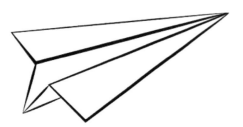 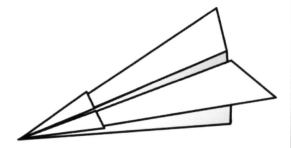

In der Klasse habt ihr nun vielleicht eine bunte Auswahl an Fliegern.

Sucht euch eine gemeinsame Startlinie und vergleicht: Welcher Flieger ist am weitesten geflogen? Welcher Flieger war am längsten in der Luft?

Achtung! Bevor ihr loslegt: Was für Werkzeuge benötigt ihr, um eure Ergebnisse zu messen? Trage die Ergebnisse anschließend in die Tabelle ein.

	Weite in Metern	Zeit in Sekunden
Klassenbester		
	69,14 m	29,2 s

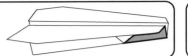
Unterschiedliche Papierflieger ergeben unterschiedliche Ergebnisse – völlig klar! Benutzt jemand dickeres Papier oder faltet ein ganz anderes Flugzeug, lassen sich die Ergebnisse nicht mehr vergleichen. Wir benötigen für unsere Forschungsarbeit auf den nächsten Seiten also einen normierten Flieger, der bei allen Schülern gleich ist. Nur so können wir verschiedene Veränderungen überprüfen.

Folge der Anleitung und baue diesen Flieger.

1)

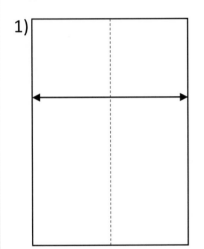

Blatt in der Mitte falten.

2)

Ecken nach unten falten.

3)

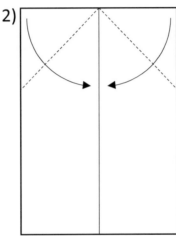

Flügel erneut falten, so dass sie sich in der Mitte treffen.

4)

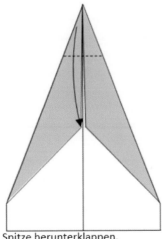

Spitze herunterklappen.
Spitze auf Spitze.

5)

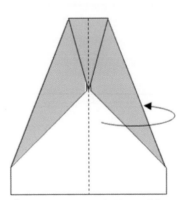

Über die Mitte nach hinten falten.

6)

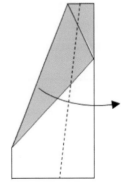

Seite außen umklappen, so dass beide Kanten bündig sind.

Daten sammeln

Genau wie echte Wissenschaftler müssen wir nun Daten sammeln. Das bedeutet, alle Schüler müssen ihren Flieger einmal werfen und für jeden Flieger müssen Flugweite und –dauer gemessen werden. Berechnet am Schluss den Durchschnitt aller Werte.

Versuchsnummer	Weite in Metern	Zeit in Sekunden
#1		
#2		
#3		
#4		
#5		
#6		
#7		
#8		
#9		
#10		
#11		
#12		
#13		
#14		
#15		

Durchschnitt		

Für die inhaltliche Arbeit von Kleingruppen können strukturierende Arbeitshilfen eine Stunde mitleiten. An dieser Stelle der Einheit findet eine erste „wissenschaftliche Forschungsarbeit" statt und es ist hilfreich, die Schülerinnen und Schüler direkt an eine sinnvolle Gruppenarbeit zu führen.

Dazu werden die einzelnen Teilaufgaben des Prozesses den verschiedenen Gruppenmitgliedern zugeordnet. Karten mit unterschiedlichen Symbolen, die diese Teilaufgaben symbolisieren, können dies unterstützen. Insbesondere bei jüngeren Kindern besteht sonst z.B. die Gefahr, dass sich am Ende der Gruppenarbeit herausstellt, dass niemand die Ergebnisse notiert hat.

Mit zunehmender Komplexität des Themas wird den Schülerinnen und Schüler mehr Verantwortung überlassen, so dass eine klare Strukturierung des Arbeitsprozesses an dieser Stelle wichtig ist.

Sinnvoll erscheinen die Funktionen *Vermessungstechniker*, *Zeitwächter*, *Prozessbeobachter und Protokollant*.

Die ersten beiden dienen der Aufnahme der Daten. Das Stoppen der Zeit kann dabei mit dem Handy erfolgen, muss aber von einem verantwortungsbewussten Schüler durchgeführt werden. Der Protokollant soll alle gemessenen Daten an einer Stelle notieren, damit der Arbeitsprozess nicht ständig vom Mitschreiben aller Gruppenmitglieder unterbrochen wird. Der Prozessbeobachter dient nachfolgend der Auswertung der Gruppenarbeit.

Die Vorlagekarten zum Ausdrucken finden sich auf der Seite www.halbtagsblog.de unter ‚Downloads'.

Rekorde

Bevor wir mit dem Forscherteil beginnen und unsere Ziele festlegen, wollen wir zunächst einmal einige Rekorde herausfinden und aufschrieben.

Recherchiere im Internet und finde heraus:

Reichweite Rekord:

a) Papierflugzeug _____

b) Echtes Flugzeug _____

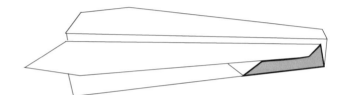

Flugdauer Rekord:

a) Papierflugzeug _____

b) Echtes Flugzeug _____

Geschwindigkeitsrekord:

a) Papierflugzeug _____

b) Echtes Flugzeug _____

Nun beginnt der Forscherteil.

Ziele bestimmen

Nun haben wir ein Standardflugzeug und Daten gesammelt, den Rekord der Reichweite, Flugdauer Geschwindigkeit bei echten Flugzeugen und Papierflugzeugen recherchiert und aufgeschrieben. Nun geht es ans Verändern, Forschen und Experimentieren mit unserem Standard-Papierflugzeug. Bevor wir loslegen die Frage:

Wo willst du mit deiner Gruppe hin? Möchtet ihr vielleicht einen Rekord brechen? Was ist euer Forschungsziel? Soll euer Flugzeug möglichst lange, weit oder schnell fliegen ?

1. Überlegt in eurer Gruppe, welches Ziel ihr mit eurer Forschungsarbeit erreichen möchtet.
2. Schreibt euer Ziel auf.

_____

_____

_____

_____

_____

_____

_____

_____

Didaktischer Kommentar

Bevor die Schülerinnen und Schüler mit dem eigenständigen Forschen beginnen, ist es wichtig zuvor festzuhalten, was eigentlich das Ziel der Forschung sein soll. Hierzu gibt zum einen die Möglichkeit, dass die Lehrkraft festlegt was die Schülerinnen und Schüler eigentlich mit ihrer Forschungsarbeit herausfinden bzw. lernen sollen. Zum anderen hat man aber die Möglichkeit die Lernziele bzw. die Ziele der Forschungsarbeit von den Forschergruppen, also den Schülerinnen und Schülern selbst festlegen und formulieren zu lassen. Die letztere Variante fördert zweifelslos die Motivation der einzelnen Schülerinnen und Schüler und den Forschergruppen.

Mögliche Lernziele der Schülerinnen und Schüler könnten sein:

"Ich möchte herausfinden, wie ich mein Papierflugzeug verändern muss, damit es möglichst lang in der Luft bleibt."

"Ich möchte herausfinden, wie ich das schnellste Papierflugzeug bauen kann."

Warum fliegen Flugzeuge?

Wie Flugzeuge fliegen

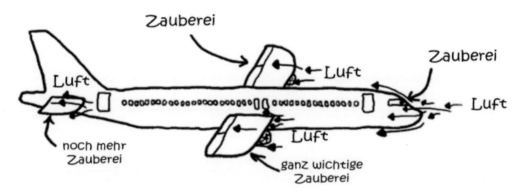

Überlege: Warum fliegt ein Flugzeug?

Schreibe deine Theorie auf. Sprich danach mit dem Sitznachbar und vergleiche. Besprecht am Ende eure Theorien in der Klasse.

Warum Flugzeuge fliegen!

Im 18. Jahrhundert entdeckte der Schweizer Gelehrte Daniel Bernoulli, dass in einer strömenden Flüssigkeit der Druck dort am niedrigsten ist, wo die Geschwindigkeit am größten ist. Später fand er heraus, dass dies auch für Luft gilt und diese Erkenntnis brachte Flugzeugbauer auf eine Idee: Wenn man die Geschwindigkeit der Luft *oberhalb* der Tragfläche steigern kann, muss der Druck sich dort vermindern und die Tragfläche wird von der unteren Luft nach oben gedrückt.

Also baute man die Flügel eines Flugzeuges so, dass die Luft oberhalb des Flügels einen weiteren Weg nehmen muss, als unten – es entsteht ein Auftrieb.

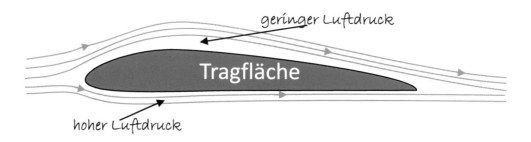

Das funktioniert natürlich nur, wenn sich das Flugzeug ziemlich schnell durch die Luft bewegt – und dafür benötigt es einen Propeller oder ein Düsenantrieb. Der Antrieb schiebt das Flugzeug vorwärts, das nennt man Vortrieb. Vier Kräfte wirken auf ein Flugzeug – kennst du alle?

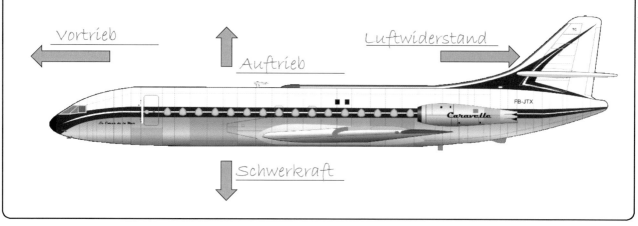

Nun wollen wir in einem Experiment überprüfen, wie sich ein Flugzeugflügel im Flug verhält. Sieh dir das Bild an und stelle eine Vermutung auf.

Ich vermute, dass _____

_____

_____

Material:

1 Blatt DIN-A4 Papier; Bleistift & Geodreieck; Klebefilm;

1 halber Trinkhalm mit geriffelter Knickstelle; 1 Holzstäbchen

Durchführung:

1) Zeichne auf dem Blatt Papier parallel zum unteren Rand eine Linie im Abstand von einem Zentimeter.

2) Markiere zwei Punkte und stoße mit dem Bleistift Löcher in das Papier. Der erste Punkt liegt 7,5 Zentimeter unter dem oberen Rand. Der zweite Punkt liegt 7 Zentimeter über deiner gezeichneten Linie. (siehe Bild)

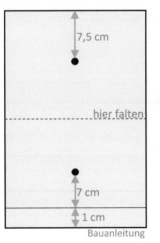

7,5 cm

hier falten

7 cm

1 cm

Bauanleitung

3) Falte das Blatt in der Papiermitte.

4) Klebe beiden Hälften so zusammen, dass der obere Rand auf deiner gezeichneten Linie liegt.

5) Schiebe deinen Flügel so auf den gekürzten Trinkhalm, dass die Tragflächenunterseite auf der geriffelten Knickstelle liegen bleibt.

6) Halte das Holzstäbchen zwischen Daumen und Zeigefinger fest und schiebe den Trinkhalm mit deinem Flügel darauf.

7) Laufe mit deinem Modell so schnell du kannst über den Flur/den Schulhof. Halte das Holzstäbchen dabei gerade und beobachte!

Aber Vorsicht: Renne keine Mitschüler um!

Tragfläche im Luftstrom

Beobachtung

Der Papierflügel bewegt sich aufwärts, wenn man damit durch den Raum rennt.

Erkläre deine Beobachtung mithilfe einer Skizze.

Über dem Flügel entsteht durch die Wölbung ein geringer
Luftdruck, unter dem Flügel ist ein höherer Druck. Dadurch
wird das Flugzeug nach oben gedrückt (Auftrieb).

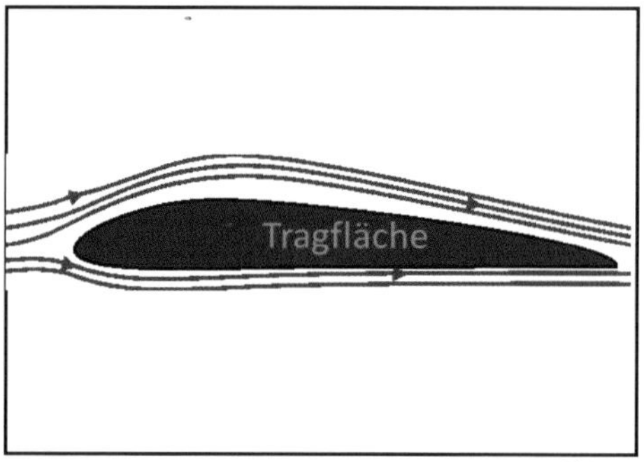

Tragfläche

Skizze

Für Profis: Hast du eine Idee, warum die Heckflügel eines Formel-1 Autos aussehen, wie Tragflügel, die man auf den Kopf gedreht hat?

Wenn ein Auto nach links fahren soll, dreht man das Lenkrad und die Vorderräder bewegen sich in die entsprechende Richtung. Aber wie funktioniert das bei einem Flugzeug?

Ein Flugzeug besitzt jede Menge Klappen und Ruder, um sich in der Luft zu bewegen. Sieh dir die Abbildung einmal genau an und stelle Vermutungen auf, wozu die einzelnen Teile dienen.

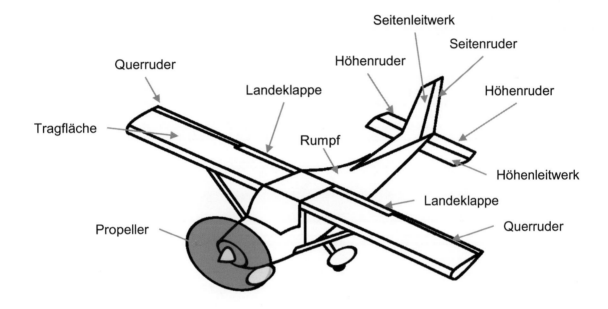

Einige Begriffe sind bestimmt einfach zu verstehen: Der __Propeller__ treibt das Flugzeug an, __Rumpf__ ist ein anderes Wort für „Körper" und __Tragfläche__ bezeichnet die Flügel.

Die __Querruder__ sitzen außen an den __Tragflächen__. Mit ihnen kann das Flugzeug eine Rollbewegung entlang der Längsachse vollführen – dies wird zum Beispiel für einen Kurvenflug benötigt. Entgegen ihres Namens werden die __Landeklappen__ nicht nur bei der Landung, sondern auch beim Start als zusätzliche Auftriebshilfe benötigt.

Mit dem __Höhenruder__ kann ein Flugzeug seine Höhe verändern, während es mit dem __Seitenruder__ nach links oder rechts schwenken kann. Die **Leitwerke** lenken die Luft um das Flugzeug herum auf die **Ruder**, mit denen das Flugzeug konkret gelenkt werden kann.

Experimentiere ein wenig mit den Klappen. Überlege, wo du an deinem Flugzeug etwas verändern kannst und notiere die Stelle auf der Zeichnung. Stelle eine Vermutung auf, wie sich die Flugkurve verändern wird und schreibe deine Theorie auf. Überprüfe sie anschließend mit drei Würfen.

Modifikation 1

Beschreibung: Ich setze ein Höhenruder an das Ende der Flügel.

Ich vermute, dass das Flugzeug nach oben steigt, wenn die Höhenruder nach oben zeigen. Das Experiment hat gezeigt: Das stimmt.

Modifikation 2

Beschreibung:

Ich vermute, dass

Daten sammeln

Einigt euch darauf, welche Klappen ihr nun für den großen Durchlauf einsetzen wollt. Anschließend sollte jeder Schüler einmal werfen. Notiere die Einzelergebnisse und auch den Durchschnitt – vergleiche anschließend mit den Werten aus 3.2. Hat sich etwas verändert?

Versuchsnummer	Weite in Metern	Zeit in Sekunden
#1		
#2		
#3		
#4		
#5		
#6		
#7		
#8		
#9		
#10		
#11		
#12		
#13		
#14		
#15		
Durchschnitt		

Aerodynamik

Vielleicht hast du schon einmal im Fernsehen ein Auto gesehen, dass in einem Windkanal steht. Dabei werden feine Nebelschwaden von großen Ventilatoren gegen den Wagen gepustet und anhand der Nebelspur kann man erkennen, wie die Luft während der Fahrt vorbeiströmt. Dabei gilt: Je besser sie an der Karosserie entlanggleitet, desto geringer ist der Luftwiderstand und desto weniger Benzin verbraucht das Auto. Du kannst dir sicher vorstellen, wie viel Luft dein Schulbus jeden Morgen zur Seite schieben muss.

Bei einem Flugzeug verhält es sich ähnlich: Der Luftwiderstand muss möglichst gering sein – der Fachbegriff lautet „Aerodynamik". Er ist die vielleicht schon einmal im Sport begegnet.

Auch wir wollen den Luftwiderstand unserer Flugzeuge messen. Aber wie?

Hast du eine Idee, was du alles brauchst? **Erstelle eine Materialliste.**

_____

_____

_____

_____

Luftkanal bauen

Erstelle eine Skizze deines Plans:

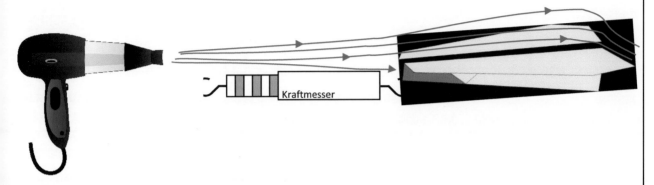

Kraftmesser

Erstelle einen Arbeitsplan: Was muss als erstes erledigt werden? Was dann? Was dann?

1. _____

2. _____

3. _____

4. _____

5. _____

Führe das Experiment in deinem selbstgebauten Windkanal durch und beobachte. Was geschieht, wenn du Veränderungen an deinem Flugzeug durchführst? Schreibe deine Beobachtungen auf.

_____

_____

_____

_____

_____

Antrieb

Es gibt viele Möglichkeiten, ein Fluggerät in die Luft zu befördern. Die einfachste Form ist ein Heißluftballon: Über einem Feuer wird Luft erhitzt, die dann nach oben steigt und in einem großen Ballon aufgefangen wird. Steuern kann man einen Heißluftballon nicht – er wird vom Wind getrieben.

Nachfolger waren die Zeppelins, die mit Wasserstoff und später mit Helium gefüllt wurden. Mit einem kleinen Propeller konnten sie sich langsam bewegen. Auch die ersten Flugzeuge besaßen (manchmal mehrere) Propeller. Ein Propeller ist zuverlässig, aber langsam.

Heutzutage gibt es fast nur noch Strahlflugzeuge oder Düsenjets (*jet* ist englisch und bedeutet „Strahltriebwerk" oder „Düse", so dass „Düsenjet" genaugenommen „Düsendüse" bedeutet). Bei dieser Antriebsart wird von vorne Luft eingesaugt, verdichtet und in einer Brennkammer zusammen mit dem Flugzeugbenzin („Kerosin") verbrannt. Dabei entsteht ein heißes Gas, welches nach hinten ausgestoßen wird und das Flugzeug antreibt.

Übrigens: Die ersten Flugzeuge wurden noch mit einer Startschleuder beschleunigt – ein waghalsiges Unterfangen. Auch heute gibt es Situationen, in denen die Landebahn viel zu kurz ist um ordentlich zu landen oder zu starten – bei einem Flugzeugträger zum Beispiel.

In Kapitel 3.2 wurden die Papierflugzeuge in deiner Klasse ganz oft geworfen – zum Teil mit unterschiedlichen Ergebnissen. Woran liegt das?

_____

_____

In diesen Kapitel wollen wir verschiedene Flugzeugantriebe erforschen oder sogar erfinden.

Sammelt dazu an der Tafel Ideen: Wie könnte man ein Papierflugzeug antreiben?

Antriebsart 1

Beschreibung:

Das Papierflugzeug soll mit einem gezielten Luftstoß angetrieben werden.

Benötigte Materialien:

Luftpumpe oder PET-Flasche, Schlauch, eine Stiftkappe oder ähnliches, um den

Luftstrahl aufzufangen

Zeichnung:

Vermutung:

Bewertung:

Antriebsart 2

Beschreibung:

Das Papierflugzeug soll mit einer Gummiflitsche angetrieben werden.

Benötigte Materialien:

Gummi zum Spannen, Zollstock; Büroklammer

Zeichnung:

Vermutung:

Bewertung:

Antriebsart 3

Beschreibung:

Wir wollen das Flugzeug mit einem kleinen Propeller und einem verdrillten Gummi antreiben.

Benötigte Materialien:

Propeller; Gummi zum verdrillen, Zollstock; Büroklammer

Zeichnung:

Vermutung:

Bewertung:

Antriebsart 4

Beschreibung:

_____

_____

Benötigte Materialien:

_____

_____

Zeichnung:

Vermutung:

_____

_____

_____

Bewertung:

_____

_____

_____

Daten sammeln

Testet die verschiedenen Antriebe, die ihr entwickelt habt. Anschließend sollte jeder Schüler ein Flugzeug starten. Notiere die Einzelergebnisse und auch den Durchschnitt – vergleiche anschließend mit den Werten aus 3.2. Hat sich etwas verändert?

Versuchsnummer	Weite in Metern	Zeit in Sekunden
#1		
#2		
#3		
#4		
#5		
#6		
#7		
#8		
#9		
#10		
#11		
#12		
#13		
#14		
#15		

Durchschnitt		

Flugzeuge erstellen

Nach den vielen Versuchen kannst du den Standard-Flieger bestimmt im Schlaf basteln. Nun wird es Zeit, andere Modelle auszuprobieren.

Auf den folgenden Seiten findest du drei Anleitungen für weitere Flugzeuge. Die ersten beiden sind leichter zu falten – das letzte dagegen nur für Profis! Sei nicht frustriert, wenn es beim ersten Mal nicht klappt.

Wenn ihr Zeit und Lust habt, vergleicht im Kurs diese Modelle in Wurfdauer und Reichweite mit dem ersten Flieger. Fällt dir dabei etwas auf?

Übrigens: Auf Youtube findest du zahlreiche Anleitungen für beeindruckende Papierflieger und Modelle. Nicht alle sind dafür geeignet, wirklich geworfen zu werden – manche sollen einfach nur hübsch aussehen.

Nun aber viel Spaß!

1)

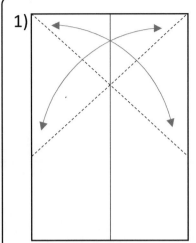

Blatt über Kreuz falten.

2)

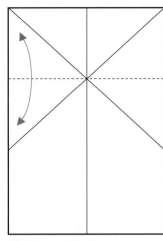

Blatt zusammenlegen.

3)

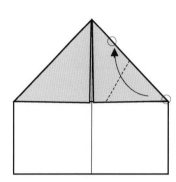

Obere Ecke nach oben falten.

4)

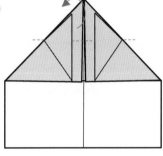

Obere Spitze nach hinten
falten, Ecken stehen lassen.

5)

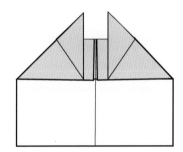

Nun in entlang der Mittelsenk-
rechten nach hinten falten.

6)

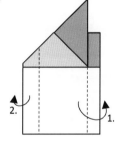

Flügel erst auffalten, dann die
Flügelspitzen hochfalten.

Brunhilde

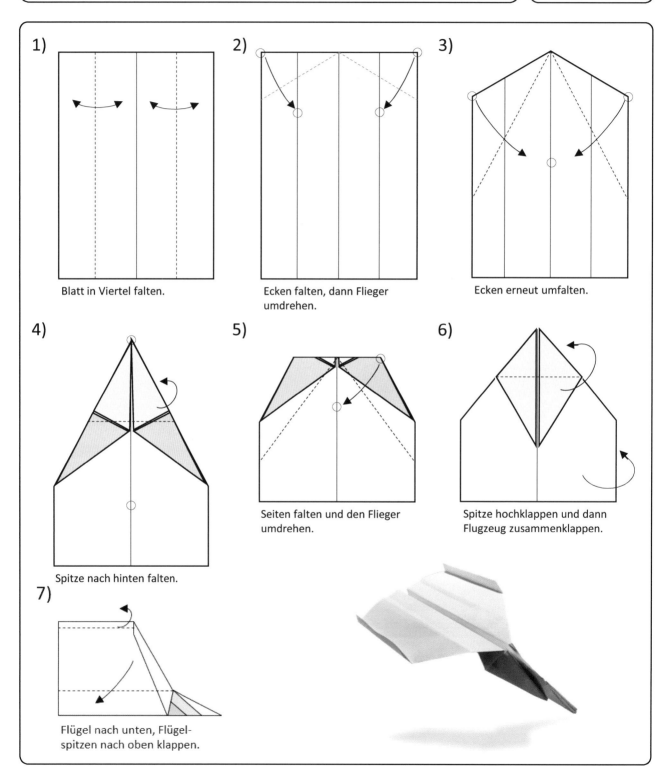

1) Blatt in Viertel falten.

2) Ecken falten, dann Flieger umdrehen.

3) Ecken erneut umfalten.

4) Spitze nach hinten falten.

5) Seiten falten und den Flieger umdrehen.

6) Spitze hochklappen und dann Flugzeug zusammenklappen.

7) Flügel nach unten, Flügelspitzen nach oben klappen.

Magdalena

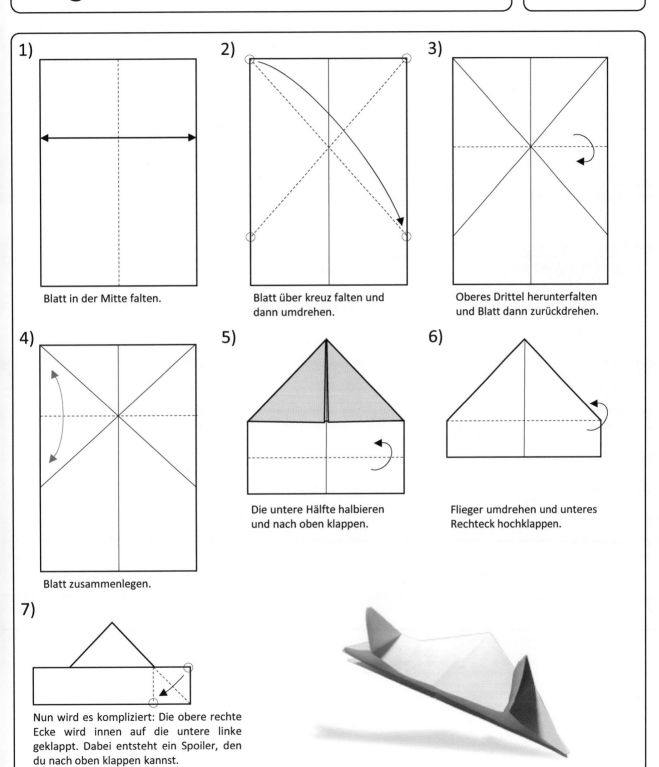

1) Blatt in der Mitte falten.

2) Blatt über kreuz falten und dann umdrehen.

3) Oberes Drittel herunterfalten und Blatt dann zurückdrehen.

4) Blatt zusammenlegen.

5) Die untere Hälfte halbieren und nach oben klappen.

6) Flieger umdrehen und unteres Rechteck hochklappen.

7) Nun wird es kompliziert: Die obere rechte Ecke wird innen auf die untere linke geklappt. Dabei entsteht ein Spoiler, den du nach oben klappen kannst.

8)

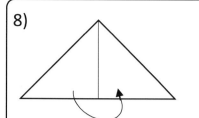

Drehe dein Flugzeug um. Links und rechts liegen die Dreiecke doppelt. Klappe das linke um – wir brauchen es nicht.

9)

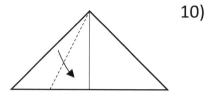

Klappe das verbleibende Dreieck in der Hälfte um. Orientiere dich dabei an der Mittelkante.

10)

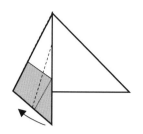

Falte den Flügel nun entlang der gestrichelten Linie zurück. An der gepunkteten Linie sollte dein Spoiler stehen.

11)

Dein Flugzeug sollte nun so aussehen. Falte die rechte Seite genauso und drehe dein Flugzeug.

12)

Alles richtig gemacht? So sollte dein Flugzeug nun aussehen. Entlang der gestrichelten Linien klappst du die Spoiler nun hoch. Anschließend drehst du dein Flugzeug um.

13)

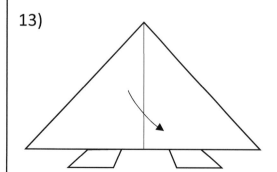

Klappe nun das linke Dreieck nach rechts.

14)

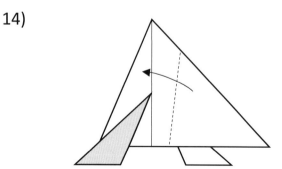

...und nun entlang der gestrichelten Linie zurück.

15)

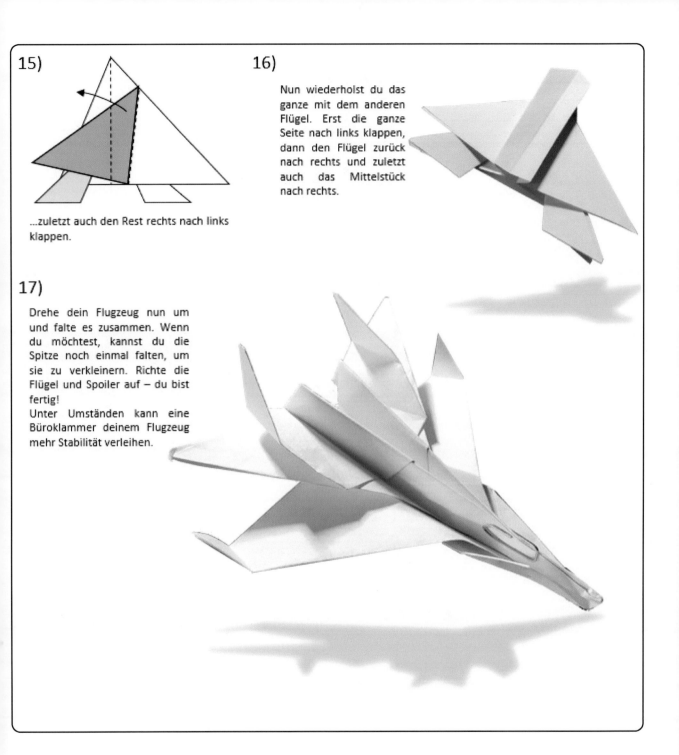

...zuletzt auch den Rest rechts nach links klappen.

16)

Nun wiederholst du das ganze mit dem anderen Flügel. Erst die ganze Seite nach links klappen, dann den Flügel zurück nach rechts und zuletzt auch das Mittelstück nach rechts.

17)

Drehe dein Flugzeug nun um und falte es zusammen. Wenn du möchtest, kannst du die Spitze noch einmal falten, um sie zu verkleinern. Richte die Flügel und Spoiler auf – du bist fertig!
Unter Umständen kann eine Büroklammer deinem Flugzeug mehr Stabilität verleihen.

Neben Flugzeugen, Heißluftballons, Hubschraubern usw. gilt auch ein Bumerang als Fluggerät. Er ist die traditionelle Wurfwaffe der australischen Aborigines und wird heutzutage vor allem als Sportgerät genutzt. Während Sportbumerangs bei korrektem Wurf zum Werfer zurückkehren, war dies beim traditionellen australischen Bumerang nicht unbedingt der Fall. Der Vorteil des Jagdbumerangs besteht darin, dass er weiter, geradliniger und damit auch zielsicherer fliegt als ein zurückkehrender Bumerang. Du hast in diesem Heft gelernt, warum Flugzeuge fliegen. Neben den unterschiedlichen Antrieben ist auch die Flügelform entscheidend.

Schaue dir unten die Abbildung des Bumerangs an. Kannst du mit deinem Wissen über die Flügelform von Flugzeugen erklären warum ein Bumerang fliegt? Wenn du dir nicht ganz sicher bist, kannst du im Heft zurückblättern und nachschauen.

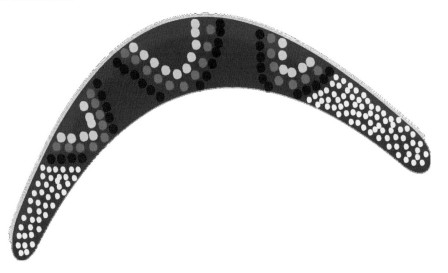

Die Rotation des Bumerangs wirkt wie die Drehung eines Hubschrauberrotors. Durch die Drehung bekommt der sich in Flugrichtung bewegende Flügel mehr Auftrieb und das geschliffene Holz erinnert stark an die Flügel eines Flugzeugs.

Um gute Ergebnisse zu erziehen, muss der Bumerang aus geeignetem Material bestehen. Sperrholz lässt sich einfach verarbeiten, ist günstig und dabei sehr stabil. Für unsere Zwecke eignet sich besonders 5mm dickes Birkensperrholz mit möglichst vielen Schichten.

Materialliste

- o den Bauplan in A3
- o genügend Sperrholz für einen (Klassensatz) Bumerangs
- o Laubsägen, Holzraspeln und Feilen
- o Schraubzwingen
- o Schleifpapier
- o evtl. Holzlack zum Schutz

Arbeitsschritte

1) schneidet die Bumerangschablonen aus und verteilt sie geschickt auf der Sperrholzplatte.

2) übertragt die Umrisse auf das Holz

3) sägt zunächst grob aus – die Feinheiten folgen

4) sägt, raspelt und feilt die Feinheiten heraus

5) bearbeitet den Bumerang mit Schleifpapier

6) evtl. einen Schutzlack auftragen

7) Ausprobieren!

Regeln!

Achtung!

Kannst du dir vorstellen, was geschieht, wenn zehn Kinder gleichzeitig ihren Bumerang werfen? Was kann geschehen? Schreibe auf!

_____

_____

_____

Stelle Regeln auf, bevor ihr eure Bumerangs ausprobiert:

_____

_____

_____

_____

_____

Didaktischer Kommentar

Das Holzprojekt zum Abschluss bietet Schülerinnen und Schülern die Möglichkeit, dies Einheit in einem praktischen Freizeit-Vergnügen enden zu lassen.

Dabei kann die Gefahr von Bumerangs nicht überschätzt werden! Die Vorstellung, wie zehn Kinder gleichzeitig ihre Bumerangs werfen, die dann womöglich alle zurückfliegen, ist unschön. Die Seite mit den Regeln sollte daher unbedingt beachtet werden.

Lehrerinnen und Lehrern empfehlen wir den Besuch von Youtube, um den korrekten Abwurf eines Bumerangs zu erlernen. Wenn Sie die korrekte Technik dann an die Schüler weitergeben, erscheint uns das sinnvoller, als eine mühsame Textbeschreibung.

Danksagung

Vielen Dank an unsere Technikkurse von 2017/18 – ihr habt dieses Buch an vielen Stellen besser gemacht! Namentlich Felix, Vivien, Michelle, Patrick, Ilayda, Timo, Nikita, Alena, Elisa, Deniz, Milan, Finn, Erol, Samuel, Leon, Leo, Milena, Lea, Canan, Luca, Jonas, Yannick, Alena, Ben, Mia, Paul, Lea, Talia

DIREKT LOSLEGEN

Bautechnik
für die Sekundarstufe 1
LEHRERBAND

Jan-Martin Klinge & Riza Kara

Was ist der Unterschied zwischen Zement, Beton und Mörtel? Wie kann man eine Mauer stabil bauen? Dämmt man besser innen oder außen? Und wie setzen sich die Nebenkosten einer Miete zusammen?

„Bautechnik für das Fach Arbeitslehre" ist von Lehrern für Lehrer geschrieben worden: Von grundlegenden Materialwissenschaften über die Baustatik und Wärmedämmung bis hin zur Planung eines eigenen, komplexen Projekts und einem Überblick über Mietverträge, Versicherungen und Bebauungsplänen führt einen dieses Workbook Stunde für Stunde in die Bautechnik ein und verknüpft die Fächer Technik und Wirtschaft.

Es wird kein Wissen vorausgesetzt, jede Erkenntnis mit Experimenten und Recherchen gewonnen. Der Lehrerband bietet ausführliche Erklärungen, didaktische Hinweise und Vorschläge für Klassenarbeiten an. Mit diesem Workbook kann man im Unterricht direkt loslegen.

Das Fach Hauswirtschaft erlebte in den letzten Jahren eine Neuerweckung und stellt viele Schulen vor enorme Herausforderungen. Der Spagat zwischen den Anforderungen des Kernlehrplans und den Möglichkeiten des schulischen Alltags ist in der Praxis nur schwer zu schaffen.

Dieses Workbook bietet Lehrerinnen und Lehrern des Faches „Arbeitslehre Hauswirtschaft" eine konkrete Struktur für den Unterricht. Schritt für Schritt werden die Schüler über Grundlagen und einfachen Rezepten hin zu einem bewussten Umgang mit Lebensraum „Küche" geführt. Vorgefertigte Arbeitsblätter, Lesetexte und zahlreiche Rezepte können direkt im Unterricht umgesetzt werden.

In diesem Lehrerband finden sich, passend zum Schülerband, alle Lösungen und viele didaktische und methodische Anmerkungen für den Unterrichtsalltag. Zusätzlich zu den farbigen Abbildungen sind auch zahlreiche Kopiervorlagen als Internetdownloads enthalten.

VON LEHRERN FÜR LEHRER

Elektrotechnik
für die Sekundarstufe 1
LEHRERBAND

Jan-Martin Klinge & Riza Kara

Die Beschäftigung mit Elektronik insbesondere im Fach Technik ist für viele Kolleginnen und Kollegen eine große Herausforderung. Der Spagat zwischen den Anforderungen des Kernlehrplans und den Möglichkeiten des schulischen Alltags ist in der Praxis nur schwer zu schaffen.

Dieses Workbook bietet Lehrerinnen und Lehrern des Faches Arbeitslehre eine konkrete Struktur für den Unterricht. Stunde für Stunde wird der Leser über Grundlagen und einfache Versuche hin zu komplexen elektrischen Schaltungen geführt. Vorgefertigte Arbeitsblätter, Lesetexte und zahlreiche Experimente können 1:1 im Unterricht umgesetzt werden.
In diesem Lehrerband finden sich, passend zum Schülerband, alle Lösungen und viele didaktische und methodische Anmerkungen für den Unterrichtsalltag. Zusätzlich zu den farbigen Abbildungen sind auch Vorschläge für Klassenarbeiten enthalten.

Mit Lerntheken den Mathematikunterricht neu gestalten.

Jan-Martin Klinge & Riza Kara

Dieses Buch beschäftigt sich ausführlich mit der Lerntheke als Methode, um den Mathematikunterricht zu differenzieren und individuell auf Schüler einzugehen. Es vermittelt sowohl didaktische und lernpsychologische Überlegungen zum Einsatz, als auch praktische Hilfeschritte zum Erstellen einer Lerntheke.

Es gibt Denkanstöße und Material zum downloaden. Es geht ums Lernen. Und Psychologie. Und Schulbücher. Und Diagnosebögen. Und Aufgabenauswahl. Und Sicherung. Kartendesign. Offenen Unterricht. Über Hilbert Meyer und John Hattie. Um Willkommensklassen und elektronische Schulbücher.

Dieses Buch möchte Anstoß geben, den Mathematikunterricht neu zu durchdenken. Es ist aus der Praxis entstanden und beschreibt u.a., wie man mit Lerntheken Flüchtlingskinder in den Regelunterricht einbinden kann. Nie werden Aufwand und Nutzen aus den Augen verloren und ganz bestimmt wird hier nicht "die nächste Methodensau durchs Dorf" getrieben.

Papierbrücken
für den Technikunterricht
PROJEKTHEFT

Jan-Martin Klinge & Riza Kara

Der Bau von Papierbrücken ermöglicht eine Projektarbeit im Technikunterricht über einige Wochen gerade dort, wo ein Mangel an Raum und Material herrscht. Benötigt werden nur einige Blätter Papier und dieses Arbeitsheft.

Es ist aus der Praxis entstanden und an besonders Kolleginnen und Kollegen gerichtet, die Arbeitslehre fachfremd und womöglich im Klassenraum unterrichten. Von der ersten Stunde begleitet dieses Projektheft Schüler und Lehrer durch eine komplette Unterrichtsreihe von Experimenten zur Tragfähigkeit über Wissenswertes zur Statik hin zu Übungen zur Teamarbeit und schließlich einem großen Projekt mit Einbezug wirtschaftlicher Thematik .

Papierbrücken für den Technikunterricht ist aus der Erfahrung vieler Kurse entstanden, die Jahr für Jahr begeistert tüfteln und basteln und sich gegenseitig mit großartigen Kunstwerken überbieten.

Dieses Projektheft enthält zahlreiche Fotos, Beispiele und Material zum Download für eine komplette, mehrwöchige Unterrichtsreihe.

Printed in Poland
by Amazon Fulfillment
Poland Sp. z o.o., Wrocław

36528327R00029